BEI GRIN MACHT SICH IHR WISSEN BEZAHLT

- Wir veröffentlichen Ihre Hausarbeit,
  Bachelor- und Masterarbeit

- Ihr eigenes eBook und Buch -
  weltweit in allen wichtigen Shops

- Verdienen Sie an jedem Verkauf

Jetzt bei www.GRIN.com hochladen und kostenlos publizieren

Sebastian Engel

Das Medium Hörfunk und seine Entwicklung. Analyse der propagandistischen Wirkungen

GRIN Verlag

Bibliografische Information der Deutschen Nationalbibliothek:

Die Deutsche Bibliothek verzeichnet diese Publikation in der Deutschen National-
bibliografie; detaillierte bibliografische Daten sind im Internet über http://dnb.d-
nb.de/ abrufbar.

Impressum:

Copyright © 2014 GRIN Verlag GmbH
Druck und Bindung: Books on Demand GmbH, Norderstedt Germany
ISBN: 978-3-656-89168-0

Dieses Buch bei GRIN:

http://www.grin.com/de/e-book/288887/das-medium-hoerfunk-und-seine-entwick-
lung-analyse-der-propagandistischen

GRIN - Your knowledge has value

Der GRIN Verlag publiziert seit 1998 wissenschaftliche Arbeiten von Studenten, Hochschullehrern und anderen Akademikern als eBook und gedrucktes Buch. Die Verlagswebsite www.grin.com ist die ideale Plattform zur Veröffentlichung von Hausarbeiten, Abschlussarbeiten, wissenschaftlichen Aufsätzen, Dissertationen und Fachbüchern.

Besuchen Sie uns im Internet:

http://www.grin.com/

http://www.facebook.com/grincom

http://www.twitter.com/grin_com

Facharbeit aus
Medienkunde

„Das Medium Hörfunk und seine Entwicklung unter besonderer Berücksichtigung seiner propagandistischen Wirkungen"

Name:	Sebastian Engel
Schuljahr:	2013/2014

INHALTSVERZEICHNIS

Als erstes möchte ich, Sebastian Engel, mich bei meinem Fachbereichsleitenden Lehrer Herrn Prof. Mag. Josef Hackl herzlichst für Ihre Kooperation und Hilfsbereitschaft bedanken.

Zu diesem Thema kam ich, als ich eines Tages, aus persönlichem Interesse ein Kapitel in einem meiner Geschichtsbücher las, welches unter anderem die geschichtliche Entwicklung des Medium Radio behandelte. Ich wurde dabei Zeuge eines Artikels, in welchem geschrieben stand, dass die erste regelmäßige Rundfunksendung in Österreich erst im Jahr 1924 aufgenommen wurde.[1]

Es war aber nicht die allererste Sendung im deutschsprachigen Raum, diese fand nämlich am 28. Oktober 1923 in Deutschland statt, mit den Worten [2]

„ Hier ist Berlin, Voxhaus". (Bredow, 1923)

Die Tatsache, dass der erste regelmäßige Rundfunkbetrieb erst im Jahr 1923 stattfand verwunderte mich so sehr, dass ich so sehr interessiert war weiterzulesen und damit begann im Internet danach zu recherchieren.

Als schließlich die Wahl der Fachbereichsarbeit zur Debatte stand, erinnerte ich mich an dieses für mich sehr interessante Thema und begann mit dem Gedanken zu spielen, meine Fachbereichsarbeit dem Medium Hörfunk mit all seinen Entwicklungen und propagandistischen Wirkungen zu widmen.

Hiermit erkläre ich, dass ich meine Facharbeit selbstständig erstellt habe, ohne mich unerlaubter Hilfsmittel und Vorlagen bedient zu haben.

Ried, am 25. Februar 2014

---

[1] Wolfgang, Zwangsleitner/ Yanko, Lubienski [u.a.: Gerhard, Huber/ Erlefried, Schröckenfuchs], „Einst und heute 2", 2.Auflage, Wien: E.Dorner Verlag 2010, S.66.

[2] Christiane, Gorse /Daniel, Schneider: Geschichte des Radios. http://www.planet-wissen.de/kultur_medien/radio_und_fernsehen/geschichte_des_radios/, 9.11.2013.

2 DIE ENTSTEHUNG DES BEGRIFFS RADIO

Der Begriff Radio beruht auf einer Ableitung des lateinischen Wortes„ radius" (=Strahl) [3] und auf einer englischen Weiterentwicklung dessen, und zwar „radiation" (=Ausstrahlung). Von Großbritannien hat sich daher wohl auch der Begriff „Radio" auf die ganze Welt ausgeweitet. Wesentlich dazu beigetragen hat der Brite italienischer Abstammung Gugliermo Marconi (1874 – 1937). Dessen frühe Entwicklungen zur Entstehung der Funktechnik hatten einen wesentlichen Anteil an der Verbreitung des englischen Begriffes. [4]

Auch im US-amerikanischen Sprachraum wurde der Begriff Radio schon früher angewendet. Zu verdanken ist dies dem amerikanischen Erfinder Lee de Forest, der in Amerika das Wort Radio in Bezug auf Funkwellenausbreitung verwendete. [5]

In der Pionierzeit der drahtlosen Kommunikationstechnik wurde die Radiotechnik als "drahtlose Telegraphie" bzw. als "drahtlose Telephonie" bezeichnet. [6]

Der Begriff Radio wurde außerhalb des Kommunikationsbereiches sehr oft für unterschiedliche Phänomene und Anwendungen genutzt. Durch Kombinationen mit dem Wort „Radio" entstanden so zum Beispiel die Begriffe „Radioaktivität" oder „Radiologe". Diese Begriffe haben zwar nicht direkt mit dem Medium Radio zu tun, aber sie haben alle eine Gemeinsamkeit, nämlich die Strahlung. Solche zwiespältigen Begrifflichkeiten haben bis heute überlebt. [7]

---

[3] Vgl.: http://de.wikipedia.org/wiki/Erfindung_des_Radios, 9.11.2013.

[4] Hans J, Kleinsteuber: „ Radio – Eine Einführung" 1.Auflage. Wiesbaden: VS Verlag 2012 S.16-17.

[5] Rainer, Steinführ http://www.oldradioworld.de/radiodef.htm, 10.2.2014.

[6] Ebenda.

[7] Ebenda.

Anfangs wurden die Begriffe Hörfunk und Rundfunk synonym verwendet, später wurde der Hörfunk in Abgrenzung zum neuen Medium Fernsehen auch als Radio bzw. Tonrundfunk bezeichnet. Der Begriff Hörfunk ist seitdem untrennbar mit dem Begriff Radio verbunden, beide Begriffe werden mitunter auch synonym gebraucht, mitunter auch wieder differenziert. Der internationale bekanntere Begriff für das deutsche Wort „Hörfunk" ist allerdings die Bezeichnung Radio.[8]

Die Bezeichnung „Hörfunk" für das Medium Radio ging mit der Weiterentwicklung der Funktechnik fast vollständig verloren, nach und nach setzte sich der Begriff Radio auf und ersetzte ab 1923-1924 die Bezeichnung für das Rundfunkgerät.[9]

Früher verwendete man den Zusatz „Funk", weil die in der Frühzeit übliche Erzeugungsart des Funksignals auf Funkenentladung zurückzuführen war.[10]

Aus den Sendeanlagen schlagen jedoch keine Funken sondern Wellen.[11] Allerdings wird der Begriff Hörfunk als Ableitung von Rundfunk irrtümlicherweise, noch bis heute, vor allem in der „offiziellen" Sprache verwendet, zum Beispiel in Gesetzestexten.[12] Oder etwa, wenn unter Radio das Empfangsgerät verstanden wird, mit Hörfunk aber das damit empfangene Programm gemeint ist.

Der Terminus Radio ist ein Weltbegriff, der in vielen Sprachen vorhanden ist, dabei aber in vielen Kulturen unterschiedlich beschrieben wird.

---

[8] Kleinsteuber, „ Radio – Eine Einführung", S.34.

[9] Rainer, Steinführ. http://www.oldradioworld.de/radiodef.htm 10.2.2014.

[10] Ebenda.

[11] Kleinsteuber, „ Radio – Eine Einführung", S.22.

[12] Ebenda.

Für die Entwicklung des Radios spielten viele Erfinder eine wichtige Rolle, manche spielten dabei eine unbewusste Rolle, andere wiederum eine bewusste. Die hier genannten Forscher, Physiker, Nobelpreisträger, Unternehmer und Erfinder haben wesentlich zur Entwicklung des Radiogerätes, wie wir es heute kennen, beigetragen. Auch werden hier viele Erfinder genannt, die zwar behauptet haben, die eigentlichen Erfinder des Radios zu sein, allerdings ihre Erfindung zu spät oder gar nicht patentiert haben. Daher kann man ähnlich wie bei der Erfindung des Telefons auch beim Radio von der Mehrzahl ergo von Erfindern sprechen.

4.1   HEINRICH HERTZ

Heinrich Hertz (* 22. Februar 1857 in Hamburg; † 1. Januar 1894 in Bonn) war ein bedeutender deutscher Physiker.[13] Als Erstes sollte dieser deutsche Physiker und Professor genannt werden, denn Hertz war es der als Erster experimentell die von Michael Faraday und James Clerk Maxwell vermutete Wesensgleichheit der elektromagnetischen

Lichtschwingungen nachwies. Dank den Entdeckungen Hertz' wurde durch ihn, die Grundlage für die Entwicklung der drahtlosen Telegrafie und des Radios gelegt.

ABBILDUNG 1

Er erzeugte zum ersten Mal Radiowellen. Nach ihm wurde die Einheit der Frequenz benannt. Ohne seine Entdeckung der elektromagnetischen Wellen im Jahre 1888 wäre heute die gesamte Funkelektronik nicht denkbar. [14]

---

[13] Vgl.: http://de.wikipedia.org/wiki/Heinrich_Hertz, 10.2.2014.

[14] Gerhard, Weichhaus: Die Erfinder des Radios. Wissenswertes zur Entwicklung des Mediums. http://www.helpster.de/die-erfinder-des-radios-wissenswertes-zur-entwicklung-des-mediums_145225#anleitung, 28.12.2013.

Von 1858 bis 1863 hatte Johann Philipp Reis das erste funktionierende Gerät zur elektrischen Tonübertragung durch die Umwandelung von akustischen Schallwellen in elektrische Impulse erfunden.[15] Er gab seiner Erfindung den Namen „Telephon". [16] Nachdem Reis verstorben war, nutzte der US-amerikanische Großunternehmer Alexander Graham Bell dessen Wissen über die Grundlagenforschung. Bell profitierte von der deutschen Erfindung und experimentierte mit dem Reis'schen Telefonapparat. Zuvor hatte Bell die Erfindung des Italoamerikaners Antonio Meucci und dessen Fernsprechapparat gestohlen. Bell arbeitet in der ehemaligen Werkstätte von Meucci und war dort auf dessen Materialien und Unterlagen gestoßen. Meucci protestierte und forderte seine Erfindung zurück, aber Bell, der als Großunternehmer das notwendige Kapital aufbringen konnte, meldete diese Erfindung als Patent auf seinen Namen an. Bell hatte mit dem Einreichen des Patenantrages Eile, weil er wusste, dass es noch mehrere andere Erfinder gab, die ebenfalls an der Erfindung des Telefons arbeiteten. So geschah es, dass zwar Bell das alleinige Patentrecht auf das Telefon besaß und damit als der eigentliche Erfinder des Telefons galt, seine angebliche Erfindung das Bell' sche Telefon, in ihrer Funktionsweise aber nur sehr vage beschreiben konnte im Gegensatz zu einem anderen Erfinder namens Elisha Gray. Elisha Gray konnte seine Erfindung vor dem Patentamt zwar genauestens beschreiben, nur leider war Bells Anwalt mit dessen Patentantrag zwei Stunden vorher eingelangt. Ein weiterer Unterschied zwischen dem Gray' schen- und dem Bell' schen Telefon ist die Tatsache, dass das Gray' sche Telefon im Jahr 1876 schon gebrauchstauglicher war, weil es funktionierte im Gegensatz zu dem Bell' schen Telefon. Das Bell' sche Telefon war hingegen erst im Jahr 1881 einsatzfähig [17]

---

[15] Vgl.: http://www.handwerksmuseum-suhlendorf.de/index.php?option=com_content&view=article&id=53&Itemid=64, 28.12.2013.

[16] Vgl.: http://de.wikipedia.org/wiki/Alexander_Graham_Bell#Alexander_G._Bell_und_das_Telefon, 10.2.2014.

[17] Vgl.: http://de.wikipedia.org/wiki/Alexander_Graham_Bell, 10.2.2014.

Thomas Alva Edison (* 11. Februar 1847 in Milan, Ohio; † 18.
Oktober 1931 in West Orange, New Jersey) war ein US-amerikanischer
Erfinder und Unternehmer. [18] Edison verbesserte das sogenannte Bell'
sche Telefon, das verbesserte Telefon setzte allerdings noch einen Draht
als Leiter voraus. In den Jahren 1876-1880 erfand er das Mikrofon und

das Megafon. [19] Ebenfalls wie bei der Erfindung des Telefons waren
auch bei der Erfindung und Entwicklung des Mikrofons im Laufe der

ABBILDUNG 2

Jahrzehnte mehrere Erfinder tätig. Neben den bereits beschriebenen Forschern wie
Alexander Graham Bell und Johann Philipp Reis waren auch die Forscher Fritz Sennheiser
und Emil Berliner an der Entwicklung des Mikrofons mit beteiligt.[20]

4.4   GUGLIELMO MARCONI

Guglielmo Marconi (* 25. April 1874 in Bologna; † 20. Juli 1937 in
Rom) war ein italienischer Radiopionier, Unternehmer und
Nobelpreisträger. [21] Zwar basiert der drahtlose Rundfunk auf der bereits
genannten Entdeckung der elektromagnetischen Wellen durch Heinrich

Hertz im Jahre 1886, doch erst Guglielmo Marconi übertrug diese

ABBILDUNG 3

Entdeckung auf die Übertragung telegrafischer Nachrichten. Marconi
führte dazu zahlreiche Versuche durch, Funkwellen über eine größere Entfernung zu
übertragen, um damit Nachrichten über die elektromagnetischen Wellen zu senden. Im
öffentlichen Bewusstsein gilt damals und wie heute Marconi als Erfinder des Radios, da er

[18] Vgl.: http://de.wikipedia.org/wiki/Thomas_Alva_Edison, 10.2.2014.

[19] Vgl.: http://www.handwerksmuseum-
suhlendorf.de/index.php?option=com_content&view=article&id=53&Itemid=64, 28.12.2013.

[20] Vgl.: http://mikrofon.org/das-mikrofon/geschichte-des-mikrofons, 10.2.2014.

[21] Vgl.: http://de.wikipedia.org/wiki/Guglielmo_Marconi, 10.2.2014.

eine gleichartig strukturierte Versuchsanordnung im Juni 1896 patentieren ließ und ihm schon früh die spektakulären drahtlosen Telegrafie-Verbindungen über eine Distanz von fünf Kilometern im Jahr 1897, über den Ärmelkanal im Jahr 1899 und über den Atlantik im Jahr 1901 gelangen.[22]

4.5 NIKOLA TESLA

Nikola Tesla bzw. Nikolaus Tesla (* 10. Juli 1856 in Smiljan, Alt-österreich; † 7. Januar 1943 in New York, USA) war ein Erfinder, Physiker und Elektroingenieur.[23] Tesla galt als Funkpionier der ersten Stunde, er widmete sich intensiv der Idee der drahtlosen Energie- und Nachrichtenübertragung; die technischen Grundlagen des Rundfunks wurden im ausgehenden 19. Jahrhundert von ihm selbst erfunden und patentiert. Ein Brand im Jahr 1895 vernichtete Teslas bereits fertige Anlage. Seitdem wird die Erfindung des Radios häufig Guglielmo Marconi zugeschrieben.[24]

ABBILDUNG 4

4.6 ALEXANDER STEPANOWITSCH POPOW

Alexander Stepanowitsch Popow (* 4. März[jul.] / 16. März 1859[greg.] in Turjinskije Rudniki; † 31. Dezember 1905[jul.] / 13. Januar 1906[greg.] in Sankt Petersburg) war ein russischer Physiker und Pionier der Funktechnik.

Am 7. Mai 1895 präsentierte Alexander Popow erstmals vor der Staatlichen Universität Sankt Petersburg eine Technologie, mit welcher er elektrische Schwingungen auf weite Entfernungen empfangen konnte. Der Russe Popow

ABBILDUNG 5

---

[22] Vgl.: http://de.wikipedia.org/wiki/Geschichte_des_Hörfunks, 3.1.2014.

[23] Vgl.: http://de.wikipedia.org/wiki/Nikola_Tesla, 9.2.2014.

[24] Ebenda.

trug mit der Erfindung der Antenne wesentlich zur Entwicklung des Radios bei. Am 24. März 1896 übermittelte er über seine Versuchsanordnung die Wörter „Heinrich Hertz" an eine 250 Meter entfernte Empfangsstation. Im Juni 1896 ließ der Italiener Guglielmo Marconi ein Schema patentieren, das die zuvor von Popow veröffentlichten Publikationen wiederholte. Das bewegte Popow dazu, in der russischen und internationalen Presse den vorliegenden Sachverhalt näher darzustellen. Als Erfinder des Radios verblieb aber Marconi im öffentlichen Bewusstsein. [25] Für seine Pionierleistung wurde Popow auf dem Pariser Elektrotechnischen Kongress im Jahr 1900 geehrt.[26]

4.7 JOHN AMBROSE FLEMING

ABBILDUNG 6

Der Engländer John Ambrose Fleming (* 29. November 1849 in Lancaster, Lancashire; † 18. April 1945 in Sidmouth, Devon), manchmal auch Ambrose J. Fleming genannt, erfand eine weitere wichtige Voraussetzung für die Entwicklung des Hörfunks, eine Elektronenröhre für den drahtlosen Nachrichtenempfang.[27] Der US-amerikanische Erfinder Lee De Forest verbesserte Ambrose Fleming Elektronenröhre, welche später zur Verstärkung elektrischer Signale eingesetzt werden sollte. Fleming warf daher De Forest Nachahmung vor. Aufgrund der Errungenschaften im Bereich der drahtlosen Telegraphie und der elektrischen Messtechnik wurde Fleming 1929 zum Ritter geschlagen. Im Jahr 1933 wurde er vom Institute of Radio Engineers (IRE) mit der Ehrenmedaille ausgezeichnet. [28]

---

[25] Vgl.: http://de.wikipedia.org/wiki/Alexander_Stepanowitsch_Popow, 3.1.2014.

[26] Vgl.: http://de.wikipedia.org/wiki/Geschichte_des_Hörfunks, 3.1.2014.

[27] Vgl.: http://de.wikipedia.org/wiki/Elektronenröhre, 3.1.2014.

[28] Vgl.: http://de.wikipedia.org/wiki/John_Ambrose_Fleming, 3.1.2014.

Der US-amerikanische Erfinder Lee de Forest entwickelte die
gasgefüllte Audion-Röhre, den Vorläufer der Hochvakuum-Triode,
eine 3-Elektroden-Röhre, mit der schwache elektrische Signale
verstärkt werden konnten. Dazu bediente er sich der von John
Ambrose Fleming erfundenen Elektronenröhre und meldete sie am
25. Oktober 1906 zum Patent an. [29]

ABBILDUNG 7

Aber erst im Jahr 1913 wurde mit der fabrikmäßigen Herstellung
von Hochvakuum-Radioröhren begonnen. Diese wurden von
H.D Arnold in New York in der Fernsprechtechnik erfolgreich als Verstärker verwendet. [30]

4.9 LEO HENDRIK BAEKELAND

Der belgische Chemiker und Erfinder Leo Hendrik Baekeland (* 14.
November 1863 in Gent, Sint-Martens-Latem ; † 23. Februar 1944 in
Beacon, New York) erfand in den Jahren 1905 bis 1907 den ersten
vollsynthetische, industriell produzierten Kunststoff namens Bakelit.

ABBILDUNG 8

---

[29] Vgl.: http://de.wikipedia.org/wiki/Lee_De_Forest, 4.1.2014.

[30] Vgl.: http://books.google.at/books?id=gjgmmY1S1uUC&pg=PA97&lpg=PA97&dq=Hochvakuum-
Radior%C3%B6hren&source=bl&ots=m-
mOF8giWr&sig=9yIQVwoJ38jFUWc9crJIDPUs3aU&hl=de&sa=X&ei=dRP2UsSsLqm47Qar6oDYAw&ved=
0CEUQ6AEwAw#v=onepage&q=Hochvakuum-Radior%C3%B6hren&f=false, 1.2.2014.

Baekeland hat den von ihm erfundenen Kunststoff nach sich benannt.[31] Ab 1909 wurde das eingetragene Markenzeichen Bakelit bzw. Bakelite hergestellt. [32] Man suchte damals nach Ersatzstoffen, die edles Material vortäuschten und zugleich die Erzeugnisse für die breite Masse der Konsumenten erschwinglich machten. Aus Bakelit wurden in den späten 1930er Jahren viele Alltagsgegenstände gefertigt: von A wie Aschenbecher bis Z wie Zigarrenkästchen. Aus dem Kunstharz Bakelit gefertigte Produkte wie Föhns, Telefone oder Thermoflaschen gelten heute sogar als Sammlerobjekte. [33]

Selbst das sowjetische Russland und die späteren deutschen Teilstaaten BRD und DDR verwendeten das im Jahr 1907 in Deutschland patentierte Bakelit. So wären zum Beispiel ohne Bakelit keine Feldtelefone bei den Sowjets möglich gewesen. Ebenfalls von dieser Erfindung profitierte der Hörfunk in Deutschland bereits vor dem Zweiten Weltkrieg, denn eine günstige Massenproduktion des Volksempfängers VE301, im Volksmund oft „Goebbels-Schnauze" genannt, war nur durch den Kunststoff Bakelit gewährleistet. [34]

Nach dem Zweiten Weltkrieg erfreute sich der Kunststoff in der BRD und der DDR noch großer Beliebtheit, so wurden bis Ende der 1950er noch Mixer der Marke „Mixette" und bis ins Jahr 1960 von Siemens noch Telefone wie das Bakelit Telefon W48 produziert. Heute wird Bakelit nur noch für spezielle Anwendungen eingesetzt, die mechanische und thermische Belastbarkeit oder Brandresistenz erfordern. So findet sich das Kunstharz etwa in Schleifscheiben, Filterpapieren oder feuerfesten Materialien.[35]

---

[31] Vgl.: http://de.wikipedia.org/wiki/Leo_Hendrik_Baekeland, 9.2.2014.

[32] Vgl.: http://de.wikipedia.org/wiki/Bakelit, 1.2.2014.

[33] Vgl.: http://www.planet-wissen.de/alltag_gesundheit/werkstoffe/kunststoff/bakelit.jsp, 1.2.2014.

[34] Ebenda.

[35] Ebenda.

Der US-amerikanische Physiker Edward Christopher Wente (* 1889 in Denver (Iowa); † 9. Juni 1972 in Glenside, NY) erfand 1917 das Kondensator-Mikrophon (auch Elektret- Kondensator-Mikrofon genannt). [36] An der Energiewandlung in so einem Mikrofon ist ein Kondensator beteiligt (wie der Name schon vermuten lässt). Ein Kondensator (lat. condensare „verdichten") kann elektrische Ladung und damit Energie speichern. [37]

ABBILDUNG 9

Im Vergleich zum heutigen dynamischen Mikrofon braucht es Strom, der meist von einer Batterie kommt. Ein weiterer Nachteil zum

ABBILDUNG 10

dynamischen Mikrofon stellt die Tatsache dar, dass sehr laute Töne oft zu Verzerrungen im Mikrofon führen, hohe Luftfeuchtigkeit, und unsanfte Behandlung können dem Mikrofon schaden und schon ein leichter Windhauch kann Probleme machen. [38] Jedoch erfreuen sich Kondensatormikrofone mit großer und auch kleiner Membran speziell in Tonstudios großer Beliebtheit. Im Bereich des Mobilfunks werden bis heute die günstigeren Elektretmikrofone verbaut.[39]

---

[36] Sheldon, Hochheiser: http://www.coutant.org/ecwente.html, 10.2.2014.

[37] Vgl.: http://de.wikipedia.org/wiki/Kondensator_%28Elektrotechnik%29, 10.2.2014.

[38] Vgl.: http://www.soundnezz.de/projects/www/radiobox/radiotechnik/mikrofon.html, 7.2.2014.

[39] Vgl.: http://mikrofon.org/das-mikrofon/geschichte-des-mikrofons, 10.2.2014.

Hans Carl August Friedrich Bredow, oder kurz Hans Bredow (* 26. November 1879 in Schlawe, Pommern; † 9. Januar 1959 in Wiesbaden), war ein deutscher Hochfrequenztechniker und Vorsitzender der Reichs-Rundfunk-Gesellschaft (RRG). Bredow gilt als einer der Begründer des

ABBILDUNG 11

deutschen Schiffs- und Auslandsfunkverkehrs und des deutschen Rundfunks. Im Jahre 1919 prägte er den Begriff Rundfunk und verwendete ihn zwei Jahre später erstmals öffentlich. Im Jahr 1923 gelang Hans Bredow am 28.10. um 20:00 Uhr (In manchen Quellen steht, dass dieses Ereignis am 29.10. stattgefunden habe) die erste Sendung des Deutschen Unterhaltungsrundfunks aus dem Berliner Voxhaus, mit den schon im Vorwort dieser Facharbeit zitierten Worten: „Hier ist Berlin, Voxhaus". [40]

4.12 EDWIN HOWARD ARMSTRONG

Edwin Howard Armstrong (* 18. Dezember 1890 in New York City; † 1. Februar 1954 in New York City) war ein US-amerikanischer Elektroingenieur und Erfinder. Er entwickelte und erfand Geräte und Verfahren für die Funktechnik. [41] Durch Armstrongs Forschungen auf dem Gebiet der Amplitudenmodulation gelang es ihm mit den Erfindungen des Überlagerungsempfängers und der Pendelrückkopplung, den Funkverkehr zu revolutionieren. Durch seine Erfindungen kam er

ABBILDUNG 12

aber in einen Patentstreit mit einem weiteren Rundfunkpionier namens Lee De Forest. Armstrong gilt seit der Erfindung der Rückkopplung als „Vater" der modernen Rundfunkempfängertechnik.

---

[40] Vgl.: http://de.wikipedia.org/wiki/Hans_Bredow, 10.2.2014.

[41] Vgl.: http://de.wikipedia.org/wiki/Edwin_Howard_Armstrong, 10.2.2014.

Die Technikgeschichte des Radios als Massenmedium kann man in drei Phasen darstellen:

1.Phase

Aussendung einzelner Programme über die Amplitudenmodulation (AM) auf Lang-, Mittel- und Kurzwelle, die nach dem Ersten Weltkrieg beginnt.

2.Phase

Übergang zur Frequenzmodulation (FM) und Nutzung der Ultrakurzwelle (UKW), später Einbeziehung von Kabel und Satellit. Beginnt in Deutschland nach dem Zweiten Weltkrieg, heute noch dominant.

3.Phase

Digitalisierung des Signals und Übertragung terrestrisch (DAB, DRM) via Internet oder über Mobilnetze, Anfänge in den 80er Jahren, erste Anwendungen im Regeldienst ab ca. 2000, viele neue Angebote in den letzten Jahren, erhebliche Unsicherheit über die Zukunft. [42]

5.1   PHASE 1: DIE ANFÄNGE DES RADIOS

In der gesamten Menschheitsgeschichte wurden oftmals in Kriegen innovative Entdeckungen und Erfindungen gemacht. So wurde zum Beispiel im Laufe des Ersten Weltkrieges der drahtlose Funk bei allen Waffengattungen und nahezu allen militärischen Operationen zu einem festen und unverzichtbaren Bestandteil. Demzufolge wurde diese neue Technik in der Belastungssituation der europäischen Schützengräben auf ihre Einsatztauglichkeit getestet.

---

[42] Kleinsteuber, „ Radio – Eine Einführung", S.86.

Nach dem Ersten Weltkrieg trat die Amplitudenmodulation (AM) ihren zivilen Siegeszug auf der ganzen Erde an. Die ersten Länder, in denen sich der Rundfunk verbreitete, waren die Niederlande im Jahr 1919, Argentinien, Kanada und die USA im Jahr 1920. Deutschland begann im Jahr 1923 mit einem ersten Radioprogramm. In Österreich wurde gar erst im Jahr 1924 mit den ersten regelmäßigen Rundfunksendungen begonnen. [43]

In Nord- und Südamerika entstanden schon früh mehr private Sender als vom Staat gelenkte. In Europa hingegen spielte die staatliche Lenkung eine größere und bedeutendere Rolle. [44]

Während des Ersten Weltkrieges dürften sich die staatlichen Interventionen verfestigt haben. Hinzu kam die ständig existierende Angst vor dem Kommunismus, denn nach der russischen Revolution im Jahr 1917 und anschließenden Revolutionsversuchen in Europa, glaubte man, die Kommunisten könnten mithilfe des damals noch sehr neuen Mediums Radio an die Macht kommen.[45]

Mithilfe der Amplitudenmodulation (AM) wurde in dieser frühen Phase der Radiotechnik damit begonnen, die besonders langen Frequenzen (Lang- und Mittelwelle) zu erschließen. Die Kurzwelle galt lange Zeit als uninteressant und wurde den Amateurfunkern überlassen, die dann ihre besonderen Möglichkeiten als globales Medium entdeckten. Um die Übertragung via Lang- und Mittelwelle zu gewährleisten, waren im Vergleich zu heute riesige Sendeanlagen notwendig. [46]

Die allerersten batteriebetriebenen Empfangsgeräte liefen noch mit einem Kristalldetektor, der als Gleichrichter für die Demodulation sorgte, dabei aber nur krächzenden Sound ermöglichte. Für einen stabilen Empfang waren Schwingkreise aus Spule und Kondensator notwendig, die verstellbar angelegt waren, um unterschiedliche Stationen einstellen zu können. Ab Mitte der 20er Jahre wurden sogenannte Radioröhren in Geräten installiert, mit deren Hilfe das Signal wesentlich verstärkt werden konnte. [47]

---

[43] Kleinsteuber, „ Radio – Eine Einführung", S.87.

[44] Frank, Bösch: „Mediengeschichte. Vom asiatischen Buchdruck zum Fernsehen", Band 10, Frankfurt: Campus Verlag 2011, S.158.

[45] Bösch, „Mediengeschichte. Vom asiatischen Buchdruck zum Fernsehen", S.159.

[46] Kleinsteuber, „ Radio – Eine Einführung", S.87.

[47] Kleinsteuber, „ Radio – Eine Einführung", S.88.

Während der Detektor-Empfänger noch ohne externe Stromversorgung auskam, verlangte der „Röhrensuper" einen Stromanschluss – was nicht immer einfach war, weil sich seinerzeit keineswegs alle Haushalte auf eine gesicherte Elektrizitätsversorgung verlassen konnten.[48]

Die ersten Empfänger verfügten meist über Kopfhörer, die das elektrische Signal in Ton zurückverwandelten. Um die Tonsignale im Raum hörbar zu machen, suchten Ingenieure nach Lösungen. Die Entwicklung der Firma „Western Electric" brachte schließlich den Durchbruch mit der Erfindung eines elektromagnetischen Lautsprechers. Diese Methode enthält im Wesentlichen jene Elemente, wie sie noch heute eingesetzt werden. Diese Lautsprecher waren ab dem Jahr 1926 in Deutschland verfügbar. [49]

Viele frühe Radiogeräte wurde als Bausatz verkauft und mussten von Amateurfunkern bzw. Radiobastlern erst richtig zusammengefügt werden. Erst in den 30er Jahren wurde das Radiogerät mit einem Gehäuse ausgestattet, die einfacheren Geräte, für das schlanke Geldbörserl, bestanden aus Bakelit und die edleren Geräte bestanden meist aus Holz. So wurde aus dem Radio ein unverzichtbares und damals noch vielfach teures Möbelstück.[50]

Das Wichtigste für den Nutzer waren im Falle der früheren Radiogeräte die am Radio befestigten Schalter und Drehknöpfe. Mithilfe dieser konnte die Wahl der Radiostation auf einer Skala und die Regelung der Lautstärke ermöglicht werden. Besonders teure Geräte hatten meist eine beleuchte Skala, auf der die Stationen vermerkt waren. [51]

5.2 PHASE 2: DER NEUANFANG NACH 1945

Die zweite Phase der Radioentwicklung begann nach dem Zweiten Weltkrieg. Mittels einer neuen Technik wurde ein neuer Frequenzbereich unterhalb der Kurzwelle erschlossen. Diese neue Technik wurde in Deutschland als Ultrakurzwelle (UKW) bekannt. Im englischen

---

[48] Kleinsteuber, „ Radio – Eine Einführung", S.88.

[49] Ebenda.

[50] Ebenda.

[51] Kleinsteuber, „ Radio – Eine Einführung", S.89.

Sprachraum wird für Ultrakurzwelle der Begriff VHF (very high frequency – sehr hohe Frequenz) verwendet. Als Ultrakurzwellen bezeichnet man elektromagnetische Wellen in einem Frequenzbereich von 30 MHz bis 300 MHz, entsprechend Wellenlängen zwischen zehn Metern und einem Meter. Sie liegen somit zwischen den Kurzwellen (die länger sind als Ultrakurzwellen) und den Dezimeterwellen (die kürzer sind). Der Begriff wird meist für UKW-Rundfunk im Bereich 87,5 bis 108 MHz des VHF-Bandes II verwendet. Als Modulationsart wird hierfür die Frequenzmodulation (FM) benutzt. Diese ermöglicht eine weniger störungsanfällige Übertragung von Rundfunksignalen, da sie im Vergleich zu der im Lang-, Mittel- und Kurzwellenbereich verwendeten Amplitudenmodulation (AM) recht unempfindlich gegenüber atmosphärischen Störungen ist. Die Modulationsart FM war bereits in den 20er Jahren erdacht worden. Im Jahr 1933 wurde diese dann in den USA patentiert. Ab dem Jahr 1937 wurden die ersten experimentellen Stationen eröffnet. Damit gab es die Möglichkeit, Sendungen in einer wesentlich besseren Tonqualität anzubieten und flächendeckend mehrere Programme zu verbreiten.

Nach dem Zweiten Weltkrieg wurden im Jahr 1948 auf der Internationalen Rundfunkkonferenz in Atlantic City die Frequenzen für europäische Rundfunksender neu vergeben. Nach dem Kopenhagener Wellenplan erhielten die Verlierer-Staaten nur sehr wenige, ungünstige Frequenzen im Mittelwellenbereich zugeteilt. Daher wurde insbesondere in diesen Staaten der Einsatz von UKW-Sendern geplant. Der erste europäische UKW-Sender wurde am 28. Februar 1949 in München-Freimann vom Bayerischen Rundfunk (90,1 MHz) in Betrieb genommen.

Weil Deutschland 1948 zu wenige Mittelwellenfrequenzen zugeteilt worden waren, wurde im Bereich der Ultrakurzwelle ein neues Sendernetz aufgebaut. Für Deutschland erwies sich der UKW-Einstieg über die Jahrzehnte als ein wahrer Glücksfall, da die neue Technik der Frequenzmodulation (FM) sich als leistungsstärkere und wachstumsfähigere Übertragungsform erwies als die früher verwendete Amplitudenmodulation (AM).

Die Zukunft des Radios liegt in der digitalen Übertragungsform, der endgültige Sieg dieses Technologieschritts von der analogen hin zur digitalen Übertragungsform könnte sich aber noch etwas verzögern. Denn das digitale Radio steckt europaweit noch immer in den Kinderschuhen. International wird seit mehreren Jahren kontrovers die Frage diskutiert, unter welchen Rahmenbedingungen das terrestrisch analog ausgestrahlte Radio im UKW-Format digitalisiert werden soll. [52]

Die Digitalisierung des Hörfunks bedeutet, dass das aus Mikrofonen kommende und früher analoge (stufenlose) Signal nun in digitale (schrittweise, zahlenmäßige) Signale umgewandelt wird. Von der Digitalisierung erwartet man sich die Vorteile, dass die Übertragung stabiler und störungsfreier vonstatten gehen wird, dass weniger Strom benötigt wird und dass das digitale Signal flexibler als das eher statische Signal der analogen Übertragungsform werden wird, so können zum Beispiel neben dem Radioprogramm weitere Informationen übertragen werden. [53]

5.3.1 DER TERRESTRISCHE HÖRFUNK

Die terrestrische Übertragung (v. lat.: terra, Erde, erdgebunden) ist eine Bezeichnung für die Hörfunk- oder Fernseh-Übertragung von erdgebundenen Funksendern über UKW zu Empfängern mit Haus- oder Zimmerantenne sowie tragbaren Geräten und Autoradios. Dieser Begriff dient zur Abgrenzung gegenüber anderen neueren Übertragungstechniken wie den Satellitenfernsehen, den Kabelfernsehen oder dem Internet.[54]

Der terrestrische Hörfunk aller Rundfunkaussendungen soll EU-weit bis 2010 bzw. 2012 digitalisiert werden. Dies betrifft auch den analogen Hörfunk auf UKW. Dieser soll durch

---

[52] Rene, Trischer: „Wie weit ist die Digitalisierung des Radios in Österreich fortgeschritten?",
https://www.wko.at/Content.Node/branchen/oe/sparte_iuc/Telekommunikations--und-Rundfunkunternehmungen/Infos-fuer-Rundfunksender/Digitales-Radio/Wie_weit_ist_die_Digitalisierung_des_Radios_in_Oesterreich.html, 9.2.2014.

[53] Kleinsteuber, „ Radio – Eine Einführung", S.93.

[54] Vgl.: http://de.wikipedia.org/wiki/Terrestrische_Übertragung, 9.2.2014.

DAB ersetzt werden. Bei Lang-, Mittel- und Kurzwelle soll die Übertragung mittels DRM erfolgen. [55]

5.3.2   RADIO DATA SYSTEM (RDS)

Ein von der European Broadcasting Union begonnenes Projekt namens RDS (Radio Data System) war der Versuch, bei dem ein UKW-Sender Digitaldaten mitausstrahlt. Ab 1988 wurde dieses System in Europa eingeführt, anfangs jedoch nur von Autoradios genutzt. RDS unterstützt unterschiedliche Serviceleistungen so zum Beispiel Verkehrsdurchsagen, die Suche nach alternativen Frequenzen und die Versorgung des Navigators mit relevanten Informationen. [56]

5.3.3   DIGITAL AUDIO BROADCASTING (DAB)

Ein weiteres Beispiel für die schwierige Digitalisierung des Hörfunks ist Digital Audio Broadcasting (DAB), eine digitale Übertragungsform für den Empfang von Digitalradio. [57] Es ist eine Norm, die mit einem europäisch initiierten Projekt namens Eureka 147 von 1987 bis 2000 entstanden ist.[58]

Im Jahr 1999 galt die neue Norm DAB als fertig entwickelt und wurde in Deutschland in den Regelbetrieb genommen. Hinter dieser Projektidee standen und stehen europäische Hersteller von Radiogeräten die ihre eigenen Patente gegen die starke fernöstliche Konkurrenz zu sichern hofften.[59]   Doch seit einigen Jahren wird offen diskutiert,   inwieweit eine Nutzung

---

[55] Vgl.: http://de.wikipedia.org/wiki/Digitaler_Rundfunk, 9.2.2014.

[56] Kleinsteuber, „ Radio – Eine Einführung", S.94.

[57] Vgl.: http://de.wikipedia.org/wiki/Digital_Audio_Broadcasting#DAB.2B_in_.C3.96sterreich, 9.2.2014.

[58] Kleinsteuber, „ Radio – Eine Einführung", S.94-95.

[59] Ebenda.

von DAB eigentlich Sinn macht. Offiziell ist es so, dass von der politischen Seite also von Seiten der EU eine analoge Abschaltung für das Jahr 2015 vorgesehen ist. Ab dem Jahr 2009 wurde das DAB-System auch flächendeckend innerhalb Europas umgesetzt, allerdings nur mit geringem bis mäßigem Erfolg. [60] In einigen wenigen Ländern wurde DAB sogar abgeschaltet, wie zum Beispiel Österreich, hier wurde der seit dem Jahr 2000 laufende Versuchsbetrieb 2008 aufgrund fehlender Nachfrage von Programmveranstaltern in allen Bundesländern eingestellt.[61] In Österreich wurden aber von Anfang an auch nur 5 Radioprogramme (Ö1, Radio Wien bzw. Radio Tirol, Ö3 und FM4) digital ausgestrahlt, was im flächendeckenden Vergleich mit anderen europäischen Ländern sehr wenig war. [62]

In Deutschland hingegen ist DAB flächendeckend bis heute verfügbar und hat sich gegenüber UKW durchgesetzt. DAB wird in Deutschland seit 2001 unter den Namen „Digitalradio" vermarktet, eine Bezeichnung, die für viel Verwirrung gesorgt und zu Missverständnis geführt hat, da DAB nur eine von vielen Techniken für digitalen Radioempfang darstellt und der Begriff Digitalradio auch Übertragungswege wie das Internetradio und DRM (Digital Radio Mondiale) umfasst. [63]

5.3.4   DAB+

Nach dem in einigen Ländern Europas gescheiterten Versuch, den Hörfunk durch DAB zu digitalisieren wurde im Jahr 2009 ein Neustart mit einer verbesserten Version von DAB namens DAB+ (auch DAB plus) unternommen. DAB+ ist eine Weiterentwicklung mit besserer Tonqualität und einer niedrigeren Bitrate.[64] Dies wurde möglich durch die Einführung eines neuen Datenstandards namens HE AAC v2. Diese Technik erlaubt trotz

---

[60] Kleinsteuber, „ Radio – Eine Einführung", S.96.

[61] Vgl.: http://de.wikipedia.org/wiki/Digital_Audio_Broadcasting#DAB.2B_in_.C3.96sterreich, 9.2.2014.

[62] Ebenda.

[63] Kleinsteuber, „ Radio – Eine Einführung", S.94-95.

[64] Robert, Kelle: „DAB-Radiosender – Informatives", http://www.helpster.de/dab-radiosender-informatives_210729#anleitung, 9.12.2014.

niedriger Bitrate eine gute und sogar bessere Qualität als DAB wiedergeben zu können. Daher ist diese Technik besonders für Live-Übertragungen (sogenannte Livestreams) bei Fußball-Spielen oder anderen Sportarten bzw. Radiosendungen geeignet. [65]

DAB+ ist allerdings mit älteren DAB- Geräten nicht empfangbar, weil die beiden Standards nicht miteinander kompatibel sind. Seit 2011 werden aber Geräte entwickelt, die DAB und DAB+ Chips enthalten, was bedeutet, dass diese Geräte dann einen HE AAC v2 Decoder besitzen und dieser die Datei in eine lesbare Form für das Gerät umwandelt. Damit können dann beide Technologien auf diesem Gerät die digitalen Radiosender empfangen und wiedergeben.

5.3.5 DIGITAL RADIO MONDIALE (DRM)

Mit DRM wird eine Digitalisierung des Amplitudenmodulations-Bereichs (AM), also der Kurz-, Mittel- und Langwelle, versucht. Die treibende Kraft waren die großen Auslandssender, die sich über DRM eine deutlich bessere Verbreitung ihrer Kurzwellenangebote erhofften.

---

[65] Robert, Kelle: „DAB-Radiosender – Informatives", http://www.helpster.de/dab-radiosender-informatives_210729#anleitung, 9.12.2014.

6 PROPAGANDA

Mit dem Wort Propaganda ist heute die absichtliche und systematische Verformung von Sichtweisen, das manipulieren von Meinungen gemeint. Dieser Begriff wird vor allem in politischen Zusammenhängen assoziiert. So spricht man zum Beispiel in der Wirtschaft von Werbung und in religiösen Zusammenhängen von Missionierung. Er ist also ein sehr dehnbarer Begriff, der aber im Grunde egal in welchen Zusammenhang für Verfälschung, bewusste Manipulierung, Beeinflussung und zur Herrschaftssicherung einer Zielgruppe dient. Dadurch, dass das Wort „Propaganda" oftmals mit diktatorischen Regimen, insbesondere denen des Nationalsozialismus und der bolschewistischen Sowjetunion, verbunden wird, erhielt dieser Terminus eine starke negative Konnotation. So war im Dritten Reich die Bezeichnung Propaganda ursprünglich nicht negativ besetzt, im Gegenteil sogar es war ein Begriff der neutral bis positiv besetzt war, zum Beispiel war Joseph Goebbels der Reichsminister für Volksaufklärung und Propaganda. Die frühere Bedeutung dieses Wortes war weniger negativ belastet als heute, daher benützen Demokratien lieber das Wort „Öffentlichkeitsarbeit" anstatt des Wortes „Propaganda". [66]

Adolf Hitler schreibt in „Mein Kampf" 1924: Propaganda solle „[…], die gefühlsmäßige Vorstellungswelt der großen Masse begreifend, in psychologisch richtiger Form den Weg zur Aufmerksamkeit und weiter zum Herzen der breiten Masse[…]" finden.[67]

---

[66] Vgl.: http://de.wikipedia.org/wiki/Propaganda, 10.2.2014.

[67] Zitiert nach: http://www.dhm.de/lemo/html/wk2/propaganda/index.html, 11.2.2014.

Nach der Machtübernahme der Nationalsozialisten übernahm am 13. März 1933 Joseph Goebbels als Propagandaminister die Leitung über das neu eingerichtete „Reichsministerium für Volksaufklärung und Propaganda". [68] Die neuen Machthaber hatten nicht viel Mühe den Rundfunk ganz in den Dienst ihrer Ideologie zu stellen, da schon in der Weimarer Republik viele Sendeanlagen staatlich kontrolliert waren. Die Verstaatlichung des Rundfunks wurde vor der Machtübernahme der Nationalsozialisten durch das Kabinett von Franz von Papen beschlossen. Alle Medien wurden gleichgeschaltet, was nichts anderes bedeutet, als dass alles, was dem Regime im Weg steht, entweder umstrukturiert oder ausgeschaltet wird. Anhand der bereits vorhanden Sendeanlagen und der gut durchdachten Propagandamaschinerie eines Joseph Goebbels gelang es den Nationalsozialisten, das deutsche Volk binnen sechs Jahren so weit aufzuhetzen das es zum Krieg bereit sein würde. Vor allem Goebbels erkannte in den Medien Film und Radio das Potenzial, um das Volk auf einen Kurs mit dem „Führer" bringen zu können. So wusste es Goebbels bereits am Tag der Machtübernahme perfekt zu inszenieren, indem der Fackelzug der Nationalsozialisten durch das Brandenburger Tor zum Reichstagsgebäude im Radio live übertragen wurde.

6.1.1 DER VOLKSEMPFÄNGER ALIAS „GOEBBELS-SCHNAUZE"

Um die Masse der Deutschen mit ihrer Propagandamaschinerie erreichen zu können, ließen die Nationalsozialisten ein billigeres Radiogerät produzieren nämlich den sogenannten Volksempfänger, im Volksmund auch „Goebbels-Schnauze" genannt. Die genaue Beschreibung für den Volksempfänger lautete VE 301, dieser Code bedeutete Volksempfänger 30 Jänner. Eine bewusste Anspielung an den 30. Jänner 1933, den Tag, an dem Reichspräsident Hindenburg Adolf

ABBILDUNG 13

---

[68] Kleinsteuber, „ Radio – Eine Einführung", S.68-69.

Hitler zum Reichskanzler ernannt hatte, also auf jener Tag, an dem die rechtsextreme Partei NSDAP (Nationalsozialistische Deutsche Arbeiterpartei) die Macht in Deutschenland übernahm. Zurück zur „Goebbels-Schnauze", alias Volksempfänger, dieser wurde durch die Regierung so stark subventioniert, dass sogar der ärmste Deutsche ihn sich leisten konnte und sich somit der Goebbel' schen Propaganda nicht mehr entzog. Diese Subventionierung geschah jedoch nicht durch öffentliche

ABBILDUNG 14

Mittel in Form von Geld oder Gutscheinen für die Bürger. Die Radiogeräte Hersteller wurden gezwungen, diese eine baugleiche Serie zu produzieren. Extra für die Olympiaspiele 1936 wurde ein eigenes nun mobiles Radiogerät entworfen. Im Volksmund wurde dieses „Olympiakoffer" genannt. Ab 1938 kam ein noch günstigerer Volksempfänger auf den Markt, der sogenannte „Deutsche Kleinempfänger" (DKE). [69]

6.1.2 DEUTSCHE KRIEGSPROPAGANDA IM ZWEITEN WELTKRIEG

Nach dem Kriegsausbruch, der praktisch mit dem Überfall auf den Sender Gleiwitz am Abend des 31. August 1939 begann, begann für viele Deutsche eine Zeit, in der das Radiohören wichtig war, um über die laufenden Kriegsereignisse informiert zu sein. Das NS-System hatte diesen fingierten

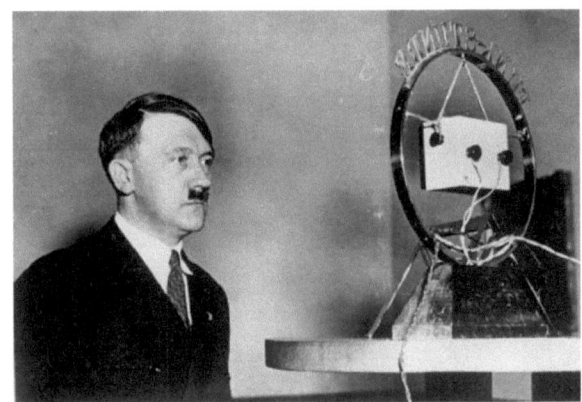

ABBILDUNG 15

[69] Sarah Julia, Steiger: „Der Volksempfänger als Propagandamaschine", http://www.soundnezz.de/fileadmin/materialien/HA__Volksempfaenger_Soundnezz.pdf, 11.2.2014.

„Überfall" geschickt eingefädelt, um im kurz bevorstehenden Krieg als Opfer der Weltmächte gesehen zu werden. Damit konnte man dem deutschen Volke auch leichter vorgaukeln, dass man zwar gar keinen Krieg wolle, dieser ihm aber durch feindliche Länder aufgezwungen werde. Das Radioprogramm im Hörfunk hatte sich mit dem Kriegsausbruch ebenfalls verändert. So waren Parteibeiträge nun nicht mehr so oft im Radio zu vernehmen, sondern Frontberichte und Wehrmachtsreportagen. Und um die Soldaten an den verschiedensten Frontabschnitten motivieren zu können wurde viel heitere Musik a la Lale Andersens „Lili Marleen" gespielt. Die Soldaten durften auch bevorzugt Musikwünsche erbitten. Radiohören wurde im Krieg lebenswichtig, weil aktuelle Bombenangriffe gemeldet wurden. Im Laufe des Krieges, spätestens ab dem Jahr 1943, wurden die siegreichen Frontberichte immer weniger, weil es keine mehr zu verzeichnen gab. Von Rückzug wurde weder im Radio noch in der Öffentlichkeit gesprochen. Zunehmend verweigerte das NS-Regime die Wahrheit über die Frontabschnitte. So kam es das viele Schlachten umgeschrieben wurden. Zum Beispiel wurde dem deutschen Volk nicht von einer Einkesselung bei Stalingrad berichtet. In diesem Fall wurde lieber berichtet, dass die ruhmreiche 6. Armee eine Abwehrschlacht erfolgreich überstand. Für viele war Stalingrad der Anfang vom Ende des Untergangs des Deutschen Reiches. Die Appelle an die Bevölkerung, möglichst lange durchzuhalten, wurden nach der grausamen Niederlage bei Stalingrad immer lauter. Die Rundfunkberichte waren mit dem negativen Kriegsverlauf einer Veränderung unterzogen worden, so wurde gegen Ende des Krieges immer mehr das deutsche Volk auf einen bevorstehenden Abwehrkampf (Volkssturm) vorbereitet. Die letzte große Rundfunkheuchelei wurde am 1. Mail 1945 ausgestrahlt, in welcher der feige Selbstmord des „Führers" des deutschen Volkes Adolf Hitler, als „Heldentod" beschönigt wurde, dessen Tod aber von vielen Geschichtshistorikern bis heute angezweifelt wird. [70]

---

[70] Vgl.: http://www.dra.de/rundfunkgeschichte/75jahreradio/nszeit/bestrafung/index.html, 11.2.2014.

Mit den deutschen Radiogeräten wie zum Beispiel dem Volksempfänger war es zwar
möglich, auch ausländische Sender zu empfangen, allerdings war das Hören von sogenannten
„Feindsendern", insbesondere der britischen BBC, streng verboten. Es drohte dabei die
Todesstrafe, diese Art der Bestrafung wurde oft verhängt und leider auch oft durchgeführt. [71]
Die Feindsender waren beim Volk zeitweise sehr beliebt aufgrund der Tatsache, dass Sender
wie der britische BBC eher dafür bekannt waren die Wahrheit über die verschiedenen
Frontabschnitte zu verkünden als der deutsche Rundfunk. [72] So kam es, dass zirka 15
Millionen Deutsche im Dritten Reich den Berichten der BBC in deutscher Sprache lauschten.
[73] Die BBC lieferte neben den Nachrichten über das Kriegsgeschehen an den Frontabschnitten
auch noch Unterhaltsames wie Musik. Exildeutsche wie der jüdische Erfinder Albert Einstein
oder Thomas Mann hielten Reden in der BBC. Die von der NS-Führung verteufelten
Feindsender wie zum Beispiel die britische BBC, waren es die den Deutschen erstmals vor
Augen führten, was in den Konzentrationslagern wirklich passierte und wie systematisch und
menschenverachtend in den KZ Juden, politische Häftlinge, Homosexuelle und andere dem
NS-System unerwünschte Individuen vernichtet wurden. Nach Kriegsende wurde sogar aus
den Konzentrationslagern berichtet und Reportagen dazu gesendet. [74] Trotz allem darf man
nicht vergessen, dass die BBC auch nur ein Teil der britischen Propaganda war, die im
Grunde nur ihre eigenen politischen Ziele verfolgte. Das Hören des Feindsenders war auch
deswegen von der NS-Führung verboten worden, weil dies den Kampfwillen des deutschen
Volkes brechen konnte. Man muss sich nur vor Augen führen, wenn man immer nur über die
militärischen Erfolge des Feindes hört, was das für eine demoralisierende Wirkung auf die
Bevölkerung haben musste. Nach dem Ende des Zweiten Weltkrieges wurden die

---

[71] Christiane, Gorse/Daniel, Schneider: „Geschichte des Radios", http://www.planet-
wissen.de/kultur_medien/radio_und_fernsehen/geschichte_des_Radios/, 9.11.2013.

[72] Vgl.: http://www.soundnezz.de/fileadmin/materialien/HA__Volksempfaenger_Soundnezz.pdf, 11.2.2014.

[73] Vgl.: http://www.bbc.co.uk/historyofthebbc/resources/bbcatwar/overseas.shtml, 11.2.2014.

[74] Vgl.: http://www.soundnezz.de/fileadmin/materialien/HA__Volksempfaenger_Soundnezz.pdf, 11.2.2014.

Rundfunkstationen in Deutschland übernommen und zum Zwecke der sogenannten „Re-education" missbraucht.[75]

6.2 RADIO IN DER NACHKRIEGSZEIT

Im Nachkriegsdeutschland der BRD erfolgte der Sendebetrieb ab 1945 durch Besatzungssender, die von den Alliierten ab 1948 in staatsfern organisierte (Landes-) Anstalten des öffentlichen Rechts überführt wurden. Die Zulassung privatwirtschaftlicher Programmveranstalter in den sog. „Kabelpilotprojekten" markierte Mitte der 1980er Jahre in der Bundesrepublik Deutschland den Start des dualen Rundfunksystems, in dem öffentlich-rechtlicher und privatrechtlich organisierter Rundfunk nebeneinander existieren.[76]

In der sowjetischen Besatzungszone (in der späteren DDR) wurde der Sendebetrieb des Rundfunks schon am 10.Mai 1945, also nur 2 Tage nach der bedingungslosen Kapitulation der Wehrmacht, wieder aufgenommen. Durch die Sicherstellung der Radioeinrichtungen durch KPD-Funktionäre (spätere Sozialistische Einheitspartei SED) und weil die Aktivitäten im Rundfunkbereich von der neuen „Deutschen Zentralverwaltung für Volksbildung" (DZVfV) kontrolliert wurden, übergaben die Sowjets den Rundfunk schon im Dezember 1945 wieder an das deutsche Volk der DDR. [77] So wurde der Rundfunk nach Ende des Zweiten Weltkrieges als staatliches Medium in den ideologischen Dienst der SED gestellt. [78]

---

[75] Vgl.: http://www.soundnezz.de/fileadmin/materialien/HA___Volksempfaenger_Soundnezz.pdf, 11.2.2014.

[76] Sjurts Insa: „Hörfunk", http://wirtschaftslexikon.gabler.de/Definition/hoerfunk.html, 9.2.2014.

[77] Kleinsteuber, „ Radio – Eine Einführung", S.70.

[78] Sjurts Insa: „Hörfunk", http://wirtschaftslexikon.gabler.de/Definition/hoerfunk.html, 9.2.2014.

Die Hörer der DDR und die der Bundesrepublik unterschieden sich hinsichtlich ihres Radiohörverhaltens nicht im Geringsten. Die Mehrheit der Bevölkerung war nicht bereit konzentriert zuzuhören: eine Tatsache, die im Laufe der Radiogeschichte mehr und mehr zunahm. Vom Radio erwartete man keine langwierigen politischen Reden oder unterschwellige Propaganda, man erwartete sich nur Musik gekoppelt mit einer Uhrzeit Ansage und alle paar Stunden einmal eine Wettervorhersage bzw. kurze Nachrichten aber das sollte es auch schon gewesen sein. Im Sinne der Machthaber der DDR hatte das Medium Radio aber eine ganz andere Aufgabe, nämlich die Menschen politisch „aufzuklären", erzieherisch zu beeinflussen und zu mobilisieren. [79] Den Bürgern sollte ein einseitiges Denken im Sinne des sozialistischen Klassenkampfes eingetrichtert werden. Daher war der eigentliche Sinn des Radios, für das Politbüro der Deutschen Demokratischen Republik, den Genossen seine Art der marxistisch-leninistischen Weltanschauung zu vermitteln. Was aber nicht bedeutet, dass es in der DDR keine Unterhaltungssendungen gab, so war zum Beispiel im Jahr 1955 der Musikanteil am Gesamtprogramm bei 68 Prozent. Es wurde aber versucht, in den Unterhaltungssendungen Politik einfließen zu lassen. So wurde meist zwischen den Musiksendungen gezielt politische Propaganda platziert. [80] Diese Art der „Unterhaltung" sollte sich im Laufe der Jahrzehnte verändern. Die Liberalisierung und die zunehmende Aufbruchsstimmung waren selbst im Rundfunk zu spüren. [81]

---

[79] Klaus, Arnold/Christoph, Classen: „Zwischen Pop und Propaganda. Radio in der DDR",1.Auflage, Köln: Ch. Links Verlag 2004, S.14.

[80] Ebenda.

[81] Ebenda, S.16.

Die Geburtsstunde des Radios begann im deutschsprachigen Raum am 19. Oktober 1923 mit der ersten offiziellen Radiosendung in Deutschland vom Berliner Vox-Haus. Letztes Jahr wurde das Medium Radio also 90 Jahre alt. Lassen wir also diese 90 Jahre Revue passieren.

ABBILDUNG 16

Die Geburtsstunde des Radios schlug also in der 1. Deutschen Republik der sogenannten Weimarer Republik. Mit der Machtübernahme der Nationalsozialisten 1933 wurde ein Radiogerät, der Volksempfänger für alle Schichten leistbar. Dabei waren die Nationalsozialisten nur zur richtigen Zeit am richtigen Ort, denn vor 1932 waren die Radiogeräte deshalb so teuer, weil der Hersteller „Telefunken" das alleinige Patentrecht hielt und einen hohen Aufschlag für jeden Radio forderte. Als dann nach 1932 das Patent ausgelaufen war, gab es vonseiten der Weimarer Republik schon erste Überlegungen wie diese neue Technologie für die breite Masse erschlossen werden könne.

Der Hörfunk hat sich dann ab dem Zweiten Weltkrieg einem unfreiwilligen Wandel unterziehen müssen. Seit dem Aufstieg des Mediums Fernsehen in den 50er Jahren hat sich die Nutzung des Radios geändert. Hatte man in den 30er Jahren noch vor dem Radio gesessen und aktiv und konzentriert den Worten gelauscht, die da aus dem Radiogerät herausströmten,

so „verkam" der Hörfunk nach und nach zum „Nebenbei-Medium", was nichts anderes bedeutet, als dass man beim Frühstücken nebenbei Radio hört, im Auto auf dem Weg zur Arbeit läuft das Autoradio im Hintergrund, in der Arbeit selbst wird oft nebenbei und oft unbewusst Radio gehört.[82]

---

[82] Vgl.: http://www.handelsblatt.com/technologie/das-technologie-update/themen-und-termine/90-jahre-radio-wie-das-nebenbei-medium-sich-behauptet/8993318.html, 11.2.2014.

Das Medium Radio trotzt bis heute dem Fernsehen, weil es in so vielen verschiedenen Gerätetypen wie Stereoanlage, tragbares Radio, Uhrenradio, Radiowecker, Autoradio etc. enthalten ist und aus unserem Leben einfach nicht mehr wegzudenken ist. Der Hörfunk wird auch deswegen neben dem Fernsehen weiterbestehen, weil er ganz andere Leistungen anbietet. [83]

8 EIN RADIOHÖRSPIEL ERLANGT BERÜHMTHEIT

In der Anfangszeit des Rundfunks hatte dieser mit Ausnahme der Zeitung das Informationsmonopol inne. Die Menschen nahmen damals wie heute vieles, was im Radio berichtet wurde, für bare Münze. So geschah es, dass ein Buch aus dem Jahre 1898 des Schriftstellers H.G. Wells „War of the Worlds", in deutscher Sprache „Krieg der Welten", die Bürger der USA verunsicherte und das Land in einen Panikzustand versetzte. Der berühmte US-amerikanische Filmregisseur Orson Welles kaufte dem Schriftsteller die Radiorechte zu diesem Buch ab und ließ es etwas umschreiben, sodass es am 30.Oktober 1938 als Hörspiel in den Radios der amerikanischen Ostküste ausgestrahlt wurde. Im Grunde war es eine literarische Parodie auf den englischen Imperialismus der 1890er Jahre. Sein Inhalt bestand darin, dass angeblich Marsmenschen die Erde überfielen und sie durch keine Armee der Welt aufzuhalten seien, die Außerirdischen seien auf dem Vorstoß Richtung New York, auf ihrem Vormarsch hätten sie sogar eine Division von 7.000 Soldaten unter der Führung eines gewissen General Montgomery Smith mit ihren Hitzestrahlen getötet. Die Menschen in den USA gerieten daraufhin in Panik, weil im Jahr 1938 schon eine angespannte Zeit war, indem ein Krieg in Europa jeder Zeit auszubrechen drohte. Dieses berühmt-berüchtigte Hörspiel zeigte welche Wirkung das Medium Radio als Massenmedium bei den Menschen auslösen kann und welche Folgen es für die Gesellschaft haben kann. [84]

---

[83] Kleinsteuber, „ Radio – Eine Einführung", S.33.

[84] Vgl.: http://www.soundnezz.de/fileadmin/materialien/HA Volksempfaenger Soundnezz.pdf, 11.2.2014.

9 LITERATURVERZEICHNIS

Arnold, Klaus /Classen, Christoph: „Zwischen Pop und Propaganda. Radio in der DDR",
1.Auflage, Köln: Ch. Links Verlag 2004

Beckh, Joachim: „Informationstechnik. Geschichte und Hintergründe", Band1, Norderstedt:
Books on Demand Gmbh 2005

Bösch, Frank: „Mediengeschichte. Vom asiatischen Buchdruck zum Fernsehen", Band10,
Frankfurt: Campus Verlag 2011

Kleinsteuber, Hans J. : „Radio – Eine Einführung", 1.Auflage, Wiesbaden: VS Verlag 2012

Zwangsleitner, Wolfgang/Lubienski, Yanko [u.a.: Huber, Gerhard / Schröckenfuchs,
Erlefried]:" einst und heute 2", 2Auflage. Wien: E.Dorner Verlag 2010

9.1 INTERNETQUELLEN

Gorse, Christiane/Schneider, Daniel: Geschichte des Radios. http://www.planet-
wissen.de/kultur_medien/radio_und_fernsehen/geschichte_des_radios/, 9.11.2013.

Kelle, Robert: DAB-Radiosender – Informatives.
http://www.helpster.de/dab-radiosender-informatives_210729#anleitung, 9.12.2014.

Trischer, Rene: Wie weit ist die Digitalisierung des Radios in Österreich fortgeschritten?.
https://www.wko.at/Content.Node/branchen/oe/sparte_iuc/Telekommunikations--und-
Rundfunkunternehmungen/Infos-fuer-Rundfunksender/Digitales-
Radio/Wie_weit_ist_die_Digitalisierung_des_Radios_in_Oesterreich.html, 9.2.2014.

Hochheiser, Sheldon. http://www.coutant.org/ecwente.html, 10.2.2014.

Insa, Sjurts: Hörfunk. http://wirtschaftslexikon.gabler.de/Definition/hoerfunk.html. 9.2.2014.

Steiger, Sarah Julia: Der Volksempfänger als Propagandamaschine.
http://www.soundnezz.de/fileadmin/materialien/HA__Volksempfaenger_Soundnezz.pdf,
11.2.2014.

Steinführ, Rainer. http://www.oldradioworld.de/radiodef.html, 10.2.2014.

http://de.wikipedia.org/wiki/Alexander_Stepanowitsch_Popow, 3.1.2014.

http://de.wikipedia.org/wiki/Kondensator_%28Elektrotechnik%29, 10.2.2014.

http://de.wikipedia.org/wiki/Propaganda, 10.2.2014.

http://de.wikipedia.org/wiki/Alexander_Graham_Bell, 10.2.2014.

http://de.wikipedia.org/wiki/Hans_Bredow, 10.2.2014.

http://mikrofon.org/das-mikrofon/geschichte-des-mikrofons, 10.2.2014.

http://de.wikipedia.org/wiki/Guglielmo_Marconi, 10.2.2014.

http://de.wikipedia.org/wiki/Thomas_Alva_Edison, 10.2.2014.

http://de.wikipedia.org/wiki/Heinrich_Hertz, 10.2.2014.

http://de.wikipedia.org/wiki/Edwin_Howard_Armstrong, 10.2.2014.

http://de.wikipedia.org/wiki/Terrestrische_Übertragung, 9.2.2014.

http://de.wikipedia.org/wiki/Leo_Hendrik_Baekeland, 9.2.2014.

http://de.wikipedia.org/wiki/Nikola_Tesla, 9.2.2014.

http://de.wikipedia.org/wiki/Bakelit, 1.2.2014.

 http://de.wikipedia.org/wiki/Lee_De_Forest, 4.1.2014.

http://de.wikipedia.org/wiki/John_Ambrose_Fleming, 3.1.2014.

http://de.wikipedia.org/wiki/Geschichte_des_Hörfunks, 3.1.2014.

http://de.wikipedia.org/wiki/Elektronenröhre, 3.1.2014.

http://de.wikipedia.org/wiki/Geschichte_des_Hörfunks, 3.1.2014.

http://www.dhm.de/lemo/html/wk2/propaganda/index.html, 11.2.2014.

http://de.wikipedia.org/wiki/Digital_Audio_Broadcasting#DAB.2B_in_.C3.96sterreich, 9.2.2014.

http://www.soundnezz.de/projects/www/radiobox/radiotechnik/mikrofon.html, 7.2.2014.

http://books.google.at/books?id=gjgmmY1S1uUC&pg=PA97&lpg=PA97&dq=Hochvakuum-Radior%C3%B6hren&source=bl&ots=m-mOF8giWr&sig=9yIQVwoJ38jFUWc9crJIDPUs3aU&hl=de&sa=X&ei=dRP2UsSsLqm47Q ar6oDYAw&ved=0CEUQ6AEwAw#v=onepage&q=Hochvakuum-Radio%C3%D6hren&f=false, 1.2.2014.

http://www.planet-wissen.de/alltag_gesundheit/werkstoffe/kunststoff/bakelit.jsp, 1.2.2014.

http://www.handwerksmuseum-suhlendorf.de/index.php?option=com_content&view=article&id=53&Itemid=64, 28.12.2013.

http://de.wikipedia.org/wiki/Alexander_Graham_Bell#Alexander_G._Bell_und_das_Telefon, 10.2.2014.

http://www.dra.de/rundfunkgeschichte/75jahreradio/nszeit/bestrafung/index.html, 11.2.2014.

http://www.bbc.co.uk/historyofthebbc/resources/bbcatwar/overseas.shtml, 11.2.2014.

http://www.handelsblatt.com/technologie/das-technologie-update/themen-und-termine/90-jahre-radio-wie-das-nebenbei-medium-sich-behauptet/8993318.html, 11.2.2014.

10 ABBILDUNGSVERZEICHNIS

Abbildungen entnommen aus:

Abb.: 1
http://upload.wikimedia.org/wikipedia/commons/thumb/3/30/HEINRICH_HERTZ.JPG/478p
x-HEINRICH_HERTZ.JPG.

Abb.: 2
http://upload.wikimedia.org/wikipedia/commons/thumb/9/9d/Thomas_Edison2.jpg/468px-
Thomas_Edison2.jpg.

Abb.: 3 http://upload.wikimedia.org/wikipedia/commons/0/0d/Guglielmo_Marconi.jpg.

Abb.: 4 http://commons.wikimedia.org/wiki/File:Tesla3.jpg.

Abb.: 5 http://commons.wikimedia.org/wiki/File:Alexander_Stepanovich_Popov.jpg.

Abb.: 6
http://upload.wikimedia.org/wikipedia/commons/5/53/John_Ambrose_Fleming_1890.png.

Abb.: 7 http://upload.wikimedia.org/wikipedia/commons/thumb/d/d8/Forest_foto1.jpg/220px-
Forest_foto1.jpg.

Abb.: 8 http://www.chemheritage.org/Discover/Online-Resources/Chemistry-in-
History/Themes/Petrochemistry-and-Synthetic-Polymers/Synthetic-
Polymers/asset_upload_file52_61784_thumbnail.jpg.

Abb.: 9 http://www.coutant.org/wenteold.jpg.

Abb.: 10 http://commons.wikimedia.org/wiki/File:Microphone_U87.jpg.

Abb.: 11 http://www.dra.de/online/hinweisdienste/ereignis/2008/bilder/bredow.jpg.

Abb.: 12 http://commons.wikimedia.org/wiki/File:EdwinHowardArmstrong.jpg.

Abb.: 13 http://commons.wikimedia.org/wiki/File:Ve301w.jpg.

Abb.: 14
http://upload.wikimedia.org/wikipedia/commons/7/77/Volksempfaenger_01_KMJ.jpg.

Abb.: 15 http://www1.wdr.de/themen/archiv/sp_rundfunkgeschichte/rundfunk120_v-
TeaserAufmacher.jpg.

Abb.:16 http://www.ndr.de/info/programm/radio389_v-contentgross.jpg.